BEI GRIN MACHT SICH IHR WISSEN BEZAHLT

- Wir veröffentlichen Ihre Hausarbeit, Bachelor- und Masterarbeit

- Ihr eigenes eBook und Buch - weltweit in allen wichtigen Shops

- Verdienen Sie an jedem Verkauf

Jetzt bei www.GRIN.com hochladen und kostenlos publizieren

Unternehmenskultur und Wirtschaftsethik

Julian Kornelli

Bibliografische Information der Deutschen Nationalbibliothek:

Die Deutsche Nationalbibliothek verzeichnet diese Publikation in der
Deutschen Nationalbibliografie; detaillierte bibliografische Daten sind
im Internet über http://dnb.d-nb.de abrufbar.

ISBN: 9783346474742
Dieses Buch ist auch als E-Book erhältlich.

Druck und Bindung: Books on Demand GmbH, Norderstedt Germany
Gedruckt auf säurefreiem Papier aus verantwortungsvollen Quellen

Das vorliegende Werk wurde sorgfältig erarbeitet. Dennoch
übernehmen Autoren und Verlag für die Richtigkeit von Angaben,
Hinweisen, Links und Ratschlägen sowie eventuelle Druckfehler keine
Haftung.

Das Buch bei GRIN: https://www.grin.com/document/1064409

Sonderprüfung

Unternehmenskultur und Wirtschaftsethik

Alternative A

Modulverantwortliche Hochschullehrerin:

Frauke Remmers

SRH Fernhochschule Riedlingen

Modul: Unternehmenskultur und Wirtschaftsethik

Studiengang: Betriebswirtschaft und Management

Von: Julian Kornelli

Datum: 01.07.2021

Inhaltsverzeichnis

Abkürzungsverzeichnis

bspw.   beispielsweise

bzw.   beziehungsweise

d.h.   das heißt

SCM   Supply Chain Management

vs.   versus

z.B.   zum Beispiel

Abbildungsverzeichnis

1 Aufgabe A1

Supply Chain Management ist die integrierte prozessorientierte Planung und Steuerung der Waren-, Informations- und Geldflüsse über die gesamte Wertschöpfungs- und Lieferkette vom Kunden bis zum Rohstofflieferanten.[1] SCM reicht sozusagen von der „Source of Supply (Versorgungsquelle)" bis zum „Point of Consumption (Verbrauchsstelle)". Zusätzlich werden hier die Beziehungen der Akteure zueinander berücksichtigt. In der Umgangssprache versteht man SCM als das Management moderner Lieferketten. Auf der einen Seite bezeichnet Supply Chain Management Prozesse, die innerhalb eines Unternehmens stattfinden und auf der anderen Seite bezieht sich SCM auch auf die Koordination und die Zusammenarbeit zwischen Unternehmen.[2] Bei SCM ist es wichtig, dass ein Produkt vom eigenen Lieferanten über die Produktion und den Vertrieb bis hin in die Regale eines Geschäfts oder direkt zum Kunden nach Hause kommt. Allerdings konzentriert sich das Supply Chain Management eher auf die gewonnenen Informationen aus den jeweiligen Stationen, die geliefert wurden, um den gesamten Prozess zu verbessern. Somit stellen sich Fragen wie:

- „Welches Feedback geben Kunden?
- Mit welchen Problemen hat der Vertrieb regelmäßig zu kämpfen?
- Was würde sich die Produktion von den Lieferanten wünschen?"

Um langfristig eine Optimierung erzielen zu können, sammeln alle Glieder der Wertschöpfungskette Informationen und Erkenntnisse.

Am Beispiel der Modekette „Zara" wird erklärt, was erfolgreiches SCM ist. Modemarken lassen ihre Produkte im Bekleidungs-, Schuh- und Accessoires-Sektor kostengünstig vorwiegend in Asien herstellen. Zara hingegen produziert einen Großteil seiner Ware im eigenen Land oder in Nachbarländern mit erheblich höheren Kosten als dies mit Produktionsstätten in Asien der Fall wäre. Diese erhöhten Kosten werden allerdings durch die kürzeren Lieferketten und die

---

[1] Vgl. Winterstein, F. & Michalek, R. & Hofmann, S. (2019)
[2] Vgl. Werner, H. (2020), S. 6-7

geringeren Lagerkosten kompensiert. Des Weiteren kann das Unternehmen schneller auf neue Trends reagieren. Mit dieser Vorgehensweise schafft es der spanische Bekleidungshersteller, viele Mitbewerber vom Markt zu verdrängen.

SCM stellt somit einen sehr wichtigen Erfolgsfaktor für ein Unternehmen dar. Um einen reibungslosen Ablauf im Supply Chain Management zu gewährleisten, sind folgende Ziele vorrangig: Kosten senken, Lieferung beschleunigen, Flexibilität sicherstellen, Geldströme lenken, Innovation ermöglichen, Effizienz verbessern, Informationsfluss optimieren und Beziehungen von Lieferanten zu Kunden verbessern. Wenn diese Ziele oberste Priorität haben und im besten Fall erreicht werden und ein hohes Maß an Vertrauen und Verlässlichkeit gegeben ist, ist das Supply Chain Management erfolgreich.[3]

Die folgende Abbildung veranschaulicht die einzelnen Bereiche des Supply Chain Management und wie die Prozesse miteinander zusammenhängen und aufeinander abgestimmt werden müssen, damit SCM funktionieren kann.

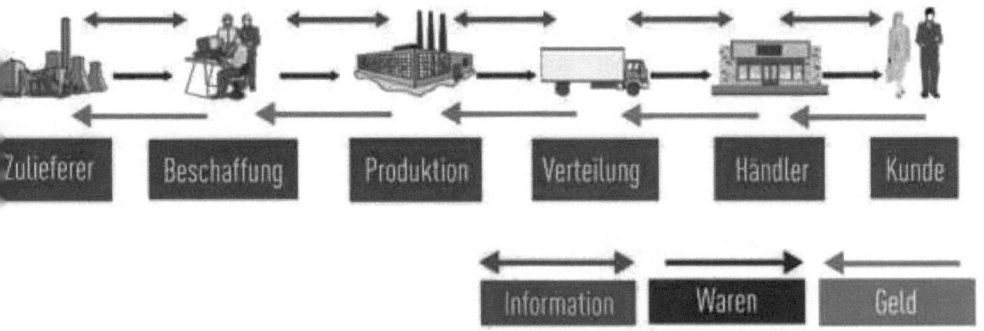

Abbildung 1: Supply Chain Management

(Quelle: Winterstein, F. & Michalek, R. & Hofmann, S. (2019). Zugriff am 05.04.21, Verfügbar unter https://www.mm-logistik.vogel.de/was-ist-supply-chain-management-definition-beispiel-ziele-a-614558/)

Es lässt sich erkennen, dass Supply Chain Management ein komplexes Konzept ist und ein Unternehmen vor wahre Herausforderungen stellt. Eine dieser Herausforderungen ist durch das Aufeinandertreffen unterschiedlicher Unternehmenskulturen gekennzeichnet. Die Aufgabe besteht darin, die verschiedenen Unternehmenskulturen für ein erfolgreiches SCM miteinander in

---

[3] Vgl. Mai, J. (2021)

Einklang zu bringen. Folglich werden Zusammenhänge zwischen einer erfolgreichen Umsetzung des Supply Chain Management und der Kultur der jeweiligen Partner erörtert.

Schon seit Mitte des 15. Jahrhunderts gibt es wirtschaftliche Verflechtungsbeziehungen zwischen Europa und den außereuropäischen Regionen. Schon damals kommunizierten unterschiedliche Kulturen miteinander und betrieben Handel. In Zeiten der Globalisierung vernetzen sich die Märkte nun immer stärker miteinander. Deshalb ist es von enormer Wichtigkeit, dass Unternehmen sich mit Kulturen aus aller Welt auseinandersetzen, um die Anforderungen und Erwartungen zu kennen und verstehen zu lernen.[4] In diesem Zusammenhang wird der Begriff „Kultur" kurz erklärt. Für diesen Begriff gibt es viele unterschiedliche Definitionen. 1952 haben Krober und Kluckhohn schon in ihrem Standardwerk Kultur als kritische Betrachtung von Konzepten und Definitionen beschrieben. Dennoch einigten sie sich aufgrund ihrer Analysearbeit auf folgende Definition: „Kultur besteht aus Mustern des Denkens, Fühlens und Handelns, die hauptsächlich über Symbole erworben und weitergegeben werden. Sie stellen die charakteristischen Errungenschaften von Personengruppen dar, zu denen auch ihre Verkörperung in Artefakten gehört. Der wesentliche Kern besteht aus traditionellen (also historisch hergeleiteten und ausgewählten) Ideen und den ihnen speziell zugehörigen Werthaltungen."[5] Zudem ist zu erwähnen, dass Kultur eine Art „Software" ist. Denn Menschen haben im Laufe ihres Lebens seit der Kindheit eine kollektive Programmierung des Geistes erlebt, die die Mitglieder einer Gruppe oder Kategorie von Menschen von einer anderen unterscheidet.[6] Daraus ergeben sich verschiedene Ebenen aus der Kultur. Um eine genaue Vorstellung zu bekommen, kann man sich diese Ebenen als einen Eisberg vorstellen. Die Spitze, welche ganz oben und sichtbar ist, besteht aus Artefakten und Symbolen. Diese sind sichtbar, aber nicht immer verständlich. Z.B. Verkehrsschilder oder Kleidung befinden sich auf dieser Ebene. Auch ein Teil der Normen und Werte sind sichtbar und damit explizit. Der andere Teil der Normen und Werte sind aber unterhalb der Wasserlinie und nicht sichtbar. Hier sind Wettbewerbsorientierung, Kollektivismus oder familiäre

---

[4] Vgl. EGO
[5] Vgl. Kroeber, A. & Kluckhohn, C. (1952), S. 181
[6] Vgl. Hagemann, K. & Priebe, M. & Berger, T. (2014), S. 86

Orientierung als Beispiele zu nennen. Interkulturelle Konflikte können ohne ersichtlichen Grund entstehen. Bspw. „treiben" zwei Vertreter verschiedener Kulturen aufeinander zu und noch bevor sie in ihren Artefakten grundlegende Unterschiede feststellen, sind sie in ihren Werten und Grundannahmen bereits „aneinandergestoßen". Diese Grundannahmen liegen in der untersten Ebene, also am Boden des Eisbergs.

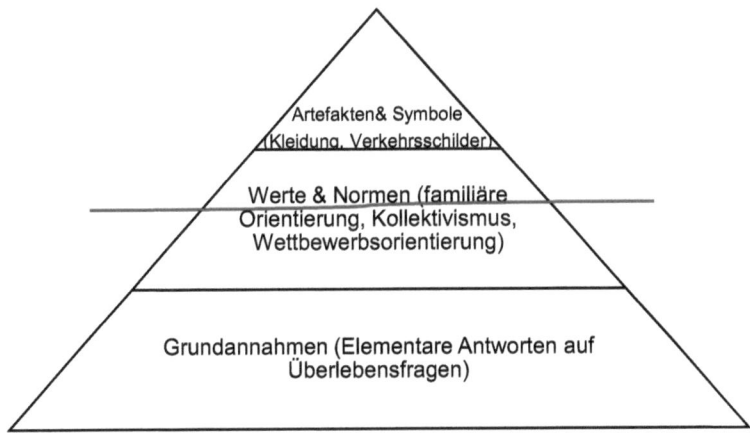

Abbildung 2: Eisbergmodell mit Kulturebenen

(Quelle: Herbrand, F. (2000). Interkulturelle Kompetenz – Wettbewerbsvorteil in einer globalisierten Wirtschaft, Bern)

Folglich soll dargestellt werden, wie Unternehmen die Kultur von Partnerunternehmen in SCM-Konstrukten identifizieren könnten und welchen Mehrwert dies für den erfolgreichen Abschluss von Geschäften mit sich bringt, um erfolgreich am Markt zu sein. Viele Wissenschaftler nehmen Kulturdimensionen zum Kulturvergleich her. Bspw. verwenden Kluckhohn und Strodtbeck fünf Kulturdimensionen als Orientierung zur Identifikation von Partnerunternehmen. Diese Dimensionen ermöglichen einen Vergleich und umfassen:

- Das Wesen der menschlichen Natur
- Die Beziehung des Menschen zur Natur
- Die Beziehung des Menschen zu anderen Menschen

- Die Zeitorientierung des Menschen
- Die Aktivitätsorientierung

Später wurde „Raum" noch als sechste Dimension hinzugefügt, was allerdings nicht so relevant ist wie die ersten fünf.

Edward T. Hall unterscheidet mit der Kontextorientierung, Raumorientierung, Zeitorientierung und der Informationsgeschwindigkeit nur in vier Dimensionen.

Hofstede ist wieder anderer Meinung und die vier Dimensionen

- Machtdistanz (von gering bis groß)
- Individualismus vs. Kollektivismus
- Maskulinität vs. Feminität
- Unsicherheitsvermeidung (von schwach bis stark)

sind das Ergebnis seiner Arbeit. [7]

Es lässt sicher daher schwierig erkennen, welches die beste Kulturforschung ist. Wichtig ist, dass die kulturellen Wurzeln der Partnerunternehmen identifiziert werden und man die Unterschiede zwischen Kulturen empirisch belegt und die Dimensionen beschreibbar macht. So können dann grundlegende Werte und Ausdrucksweisen von Kulturen besser eingeordnet werden.[8]

Des Weiteren gibt es Vor- und Nachteile bei Abschlüssen von Partnerschaften mit internationalen Unternehmen. Sicherlich profitieren diese von der Zusammenarbeit und die meisten Unternehmen werden am Markt erfolgreich. Die kulturelle Diversität im Team bietet höhere Kreativität, da es eine größere Bandbreite an Perspektiven und Erfahrungen gibt. Zudem können mehr und bessere Ideen durch verschiedene kulturelle Hintergründe und Denkansätze umgesetzt werden und es gibt weniger Gruppendenken, was manchmal die Lösungsansätze verblenden kann. Somit kommt man vom gewohnten Denken ab und neue bzw. bessere Lösungsansätze können entstehen, was einen großen Mehrwert haben kann.[9]

---

[7] Vgl. Hagemann, K. & Priebe, M. & Berger, T. (2014), S. 90-102
[8] Vgl. Hagemann, K. & Priebe, M. & Berger, T. (2014), S.90
[9] Vgl. Adler, N. J. & Gundersen, A. (2008), S. 135

Abschließend soll die Frage geklärt werden, ob ähnliche Kulturen oder eher gegenteilige Kulturen im SCM erfolgreicher sind.

Teams mit ähnlichen Kulturen haben des Öfteren gleiche Gewohnheiten, Sitten und kulturelle Hintergründe, was schneller zu gleichen Ansichtsweisen führen kann. Deshalb entstehen aufgrund der Kultur meist keine Diskussionen und das Arbeitsklima ist von Anfang an positiv. Gegenteilige Kulturen bzw. multikulturelle Kulturen brauchen oftmals länger, um den Teamgeist aufzubauen. Denn die unterschiedlichen Werte und Einstellungen verlangsamen den Prozess, auf einen gemeinsamen Nenner zu kommen und dies führt zu Diskussionen angesichts der verschiedenen kulturellen Hintergründe. Dadurch ist Startperformance bei Teams mit unterschiedlichen Kulturen schlechter als bei Teams mit ähnlichen Kulturen. Andererseits treffen in Teams mit verschiedenen kulturellen Hintergründen viele Sichtweisen aufeinander, was wiederum den Vorteil hat, dass kreative und innovative Lösungen und Vorschläge erarbeitet und umgesetzt werden können.[10] Weiterhin ist zu beachten, dass SCM eine Umgestaltung von der funktionalen zur prozessorientierten Organisationsstruktur erfordert. Es besteht die Aufgabe, alte Arbeits- und Denkmuster aufzulösen und neue innovative Arbeitsweisen zu öffnen. Um dies umzusetzen, muss das Unternehmen bei allen Kooperationspartnern und Mitarbeitern ein Bewusstsein für neue Prozesse erschaffen, um letztendlich effizient und erfolgreich zu sein.[11] Somit sind innerhalb der Wertschöpfungskette enge Zusammenarbeit und Vertrauen enorm wichtige Bausteine, welche von den Kooperationspartnern und Mitarbeitern verlangt wird. Falls dies nicht der Fall ist, kann es zu Streitigkeiten und Diskussionen kommen, da sich Personen ausgegrenzt bzw. ausgeschlossen fühlen. Um dies zu verhindern können Supply Chain Manager angestellt werden. Sie haben die Aufgabe, strategisch zu planen und integriertes SCM voranzutreiben. Hierfür müssen sie die Eigenschaften besitzen, flexibel und schnell reagieren zu können. Somit können die Ziele in Einklang gebracht werden und alle Parteien können zufrieden mit positiver Einstellung zusammenarbeiten.[12]

---

[10] Vgl. Hagemann, K. & Priebe, M. & Berger, T. (2014), S. 119
[11] Vgl. Lawrenz, O. & Hildebrand, K. & Nenninger, M. & Hillek, T. (2001), S. 13
[12] Vgl. Karrierebibel (2020)

Es lässt sich zusammenfassen, dass SCM mit ähnlichen Kulturen vielversprechender ist als SCM mit unterschiedlichen Kulturen. Dies ist aber auch nur unter der Voraussetzung der Fall, dass eine enge Zusammenarbeit und eine funktionierende Kooperation vorhanden sein müssen. Die kulturellen Gemeinsamkeiten verkürzen den Findungsprozess eines Teams und haben kein Risiko mit Komplikationen und Unruhen durch kulturelle Differenzen. Nichtsdestotrotz haben mittel- und langfristige Projekte bei multikulturellen Teams wegen den verschiedenen Denkansätzen und Sichtweisen Erfolg. Schlussendlich ist zu sagen, dass SCM ein komplexes Instrument ist, was Loyalität und Verlässlichkeit beinhaltet. Wenn dies alles in der Wertschöpfungskette gegeben ist, kann Supply Chain Management als langfristiger Erfolgsfaktor dienen.

2 Aufgabe A2

„Durch die Globalisierung, Migration, demographische Veränderung und Internationalisierungsprozesse nimmt kulturelle Vielfalt in der Gesellschaft und in Unternehmen zu. Multikulturalität im Arbeitskontext führt oft zu Konflikten und Missverständnissen, kann jedoch zugleich Kreativität und Innovation verbessern. In diesem Kontinuum zwischen Konflikt und Chance ist der Erfolg von einem effizienten Umgang mit kultureller Vielfalt abhängig."[13] Bevor die Vor- und Nachteile interkultureller Teams besprochen werden, werden erstmals die Arten multi-/ interkultureller Teams aufgezeigt.

Ein Team besteht aus einer Gruppe von Personen, welche sich zusammenschließen und eine Aufgabe gemeinsam lösen oder einen guten Zweck verfolgen. Die Idee ist, ergänzende Fähigkeiten einzelner Mitglieder für die Bewältigung einer Aufgabe heranzuziehen, welche für das einzelne Mitglied

---

[13] Vgl. Franken, S. (2015)

alleine nicht realisierbar wäre.[14] Die Teams eines Unternehmens lassen sich in verschiedene Kategorien einteilen. Hierfür gibt es vier verschiedene Arten interkultureller Teams, welche im Folgenden erläutert werden.

1. **Homogene Teams:** Die Teammitglieder haben denselben kulturellen Hintergrund und deshalb ähnliche Wertvorstellungen. Wichtig ist, dass es keine kulturell bedingten Konflikte gibt.

2. **Token Teams:** Hier haben alle Mitglieder bis auf einen denselben kulturellen Hintergrund. Das Problem hierbei ist, dass die Kultur des Einzelnen nicht genügend Aufmerksamkeit bekommt und deshalb die Zusammenarbeit mit diesem Teammitglied gefährdet ist.

3. **Bikulturelle Teams:** Bikulturelle Teams sind eine Kombination aus zwei unterschiedlichen Kulturen. Die kulturellen Unterschiede sind hierbei zu berücksichtigen, die Teams ansonsten keinen Einheitsgedanken hegen und das Zusammenwirken dieses Teams leidet.

4. **Multikulturelle Teams:** Multikulturelle Teams weisen mindestens drei verschiedene Kulturen auf. Bei diesen Teams ist die Startperformance wesentlich schlechter, da solche Teams länger Zeit brauchen, um sich zu formieren und sich zu einigen. Monokulturelle Teams sind wegen der gemeinsamen Kultur weitgehend schneller.[15]

Nachstehend werden im nächsten Abschnitt die Vor- und Nachteile von interkulturellen Teams vorgestellt.

Englisch als Arbeitssprache wird mittlerweile als Vorteil gesehen. Sie erleichtert es den Unternehmen, weltweit zu rekrutieren oder zu verkaufen. Teammitglieder werden nicht nur ermuntert, ihre „Basiskenntnisse" im Englischem aufzufrischen, sondern sie verbessern das professionelle Kommunizieren in der anderen Sprache auf der rein professionellen Seite. Oftmals gelingt es dann vielen, ein ganz anderes Selbstverständnis von sich zu haben, als in ihrer Muttersprache. Das kann sich durchaus freier anfühlen und viele können sich teilweise besser ausdrücken als in ihrer gewohnten Sprache. Des Weiteren hat man durch unterschiedliche Lösungsansätze bei einem Projekt innovative Anstöße, was den Erfolg des Unternehmens enorm steigern kann. Denn wo verschiedene Ideen

---

[14] Vgl. teamazing (2019)
[15] Vgl. Hagemann, K. & Priebe, M. & Berger, T. (2014), S. 119

aufeinandertreffen und an einer gemeinsamen Sache gearbeitet wird, entstehen auch die meisten Innovationen. Außerdem sind diverse Teams nicht nur innovativer, sondern die Kommunikation zwischen Teammitglieder ist offener und transparenter und verändert sich in der Regel zum Besseren. „Die Zusammenarbeit in einem internationalen Team zwingt die Teammitglieder dazu, sich zu vorzubereiten, alternative Sichtweisen zu antizipieren und einzunehmen, und zu verstehen, dass es manchmal Kraft und Zeit braucht, um einen Konsens zu erreichen." Dies ist besonders bei internationalen Teams von großer Bedeutsamkeit, da man schließlich im Vorhinein kein Gespür dafür hat, was für andere eine „No-Go-Area" ist. Damit kommt man gleich zum nächsten Vorteil. Die Interkulturelle Kompetenz. Wenn es um professionelle Qualifikation geht, gehört interkulturelle Kompetenz zu den wichtigsten Themen. Die Kompetenz bildet sich mit der Zeit und mit Erfahrung und ist im Grunde nichts anderes als eine offene und respektvolle Umgangsweise mit Menschen. Um besser auf ein gemeinsames Ziel hinarbeiten zu können, geht es darum eine Basis zu schaffen, auf der man mit Empathie zu Menschen aus anderen Kulturkreisen zugehen kann. Schlussendlich kann festgestellt werden, dass das Arbeiten in internationalen Teams für persönliches Wachstum sorgen kann und viele Menschen aus der eigenen Komfortzone heraustreten. „Denn vieles, was für einen selbstverständlich ist, an das man gewöhnt ist, egal ob es mit Arbeitsabläufen oder den Umgang im Team zu tun hat, muss man neu überdenken." Speziell am Anfang muss man darauf vorbereitet sein, Neuem gegenüber offen und flexibel zu sein und kompromissbereit zu sein. Neugierde ist auch ein hilfreiches Tool um dies zu bewältigen.[16]

Auch wenn die englische Sprache heutzutage als Vorteil angesehen wird, kann sie für manche speziell zu Beginn ein Nachteil sein. Null Sprachkenntnisse führen zu Fehlkommunikation, langsames Reden und ungenaue Sprache können zu Missverständnissen führen. Zudem kann die Diversität eines Teams am Anfang den Zusammenhalt schwächen, da noch Misstrauen unter den Mitgliedern herrscht. Kulturelle Gruppenbildungen können zu Spannungen zwischen den Teammitgliedern führen. Daraus folgt kontraproduktives Verhalten in der Teamfindung. Hinzu kommt die Negierung kultureller Teams. Das bedeutet, dass

---

[16] Vgl. Wronker, M. (2016)

trotz der vorhandenen Diversität im Management- und Arbeitsverhalten viele Führungskräfte Unterschiede im Denken, Erleben und Verhalten nicht als kulturbedingt wahrnehmen, sondern dies der persönlichen Ebene zuordnen. Ein weiterer Nachteil ist die Wahrnehmungsverzerrung. Wahrnehmungsmuster sind durch Kultur und Heimatland geprägt. Um neue Muster zu erkennen und diese in sein Repertoire aufzunehmen, muss das Mitglied seinen kulturbedingten Filter erweitern und nicht immer alles mit der „eigenen Brille" sehen. Letztendlich kann noch gesagt werden, dass ethnozentrische Überheblichkeit ein weiterer Nachteil ist. „Mitglieder vieler ethnischer Gruppierungen tendieren dazu, ihre Wertvorstellungen gegenüber denen von anderen Gruppen als überlegen anzusehen. Besonders deutlich zeigen sich solche Muster bei Kontakten zwischen Personen, die aus Ländern mit sehr unterschiedlichem technisch-ökonomischen Standard stammen. Hier kann aus der technischen Überlegenheit eine Übertragung auf andere Bereiche stattfinden und dies kann zu einer generellen Überheblichkeit führen."[17]

Resümierend ist festzustellen, dass alle Arten interkultureller Teams effektiv in einem Unternehmen sein können. Auf der einen Seite lässt sich erkennen, dass zu Beginn einer Zusammenarbeit ein homogenes Team tendenziell stärker als ein multikulturelles Team agiert, da die Eingewöhnungsphase durch die gleiche Kultur schneller von statten geht. Auf der anderen Seite weist ein multikulturelles Team unterschiedliche Blickwinkel auf, was bei mittel- bis langfristigen Projekten sehr erfolgsversprechend sein kann. Zusammenfassend ist die Dauer eines Projektes ein entscheidender Faktor bei der Teambildung, worauf Unternehmen besonders achten müssen. Homogene Teams haben dadurch eine gleichbleibende Performance, hingegen weisen interkulturelle Teams mehr Potenzial auf und können im Laufe der Zeit die Performance steigern. Letztendlich ist abzuleiten, dass Teams mit Mitgliederns aus weniger Kulturen für kurzweilige Projekte besser geeignet sind. Sobald aber mittel- bis langfristige Projekte geplant sind, sind multikulturelle Teams kreativer und liefern in der Regel bessere Ergebnisse.

Im letzten Teil dieser Aufgabe soll aufgezeigt werden, inwieweit einzelne Individuen die Teamdynamik beeinflussen können. Wie sich erkennen lässt, ist

---

[17] Vgl. Hagemann, K. & Priebe, M. & Berger, T. (2014), S. 121

für Unternehmen ein funktionierendes Team eine große Herausforderung. Deshalb ist die Teamdynamik ein sehr wichtiger Bestandteil. Im Folgenden wird der Begriff kurz erklärt.

„Teamdynamik ist dreierlei, sie ist

- eine Wirklichkeit für den, der in einem Team arbeitet oder mit anderen kooperiert
- eine Wissenschaft für den, der sich darum bemüht, die prinzipiellen sozialen Zusammenhänge zwischen den Teammitgliedern zu erfassen, zu verstehen, zu beschreiben und zu erklären
- eine Methodik für den, der ein Team trainiert, moderiert, motiviert, leitet, berät, systematisch aufstellt und die Einzelnen im Team fördert, weiterbildet oder qualifiziert."

Es handelt sich, egal ob Teammitglied, Teamforscher oder Teamtrainer um erlebte, erforschte oder angewandte Teamdynamik. Teamdynamik bildet und entwickelt den Einzelnen im Team durch das Team aus. Zudem ist es eine optimierte Methode zur Bildung und Fortbildung des Teams als soziales und funktionales System. Teamarbeit ist heutzutage ein sehr verbreiteter Begriff. Wichtig bei „Teamwork" ist die qualifizierte Zusammenarbeit.[18] Der Erfolg des Teams hängt deshalb von der optimalen Zusammenarbeit ab und wie die Mitglieder des Teams interagieren.

Nachfolgend werden nun konkrete Beispiele aufgelistet und erklärt, welche die Teamdynamik beeinflussen.

Verantwortung

Verantwortung ist im Prinzip eine Art Aufgabe. So übernimmt jedes Teammitglied im Unternehmen Verantwortung. Verantwortung ist sozusagen die Verpflichtung für etwas Geschehenes einzustehen. Verantwortung kommt nicht von außen und wird einem zugeteilt, sondern jeder besitzt die Eigenschaft bereits. Umso mehr Verantwortung übernommen wird und sich jeder für das Team einsetzt, umso größer kann der Teamerfolg sein, was sich positiv auf die Teamdynamik und den Unternehmenserfolg auswirken kann.[19] Negative Auswirkungen auf die

---

[18] Vgl. Poggendorf, A. (2010)
[19] Vgl. Scarcella, F. (2021)

Gruppendynamik haben sogenannte „Trittbrettfahrer", welche keinen eigenen Beitrag zur Gruppe leisten und einfach mitschwimmen. Diese Mitglieder übernehmen wenig Verantwortung und die Teamdynamik wird negativ beeinflusst.[20] Führungskräfte sollen in die richtige Richtung gehen und den Rest des Teams mitziehen. So sagen sie z.B. wie zufrieden sie mit den Kollegen sind, ob die Kommunikation passt und lösen Probleme, wenn welche vorhanden sind. Gleichzeitig handeln sie aber auch eigenverantwortlich und sind Vorbilder für die Mitglieder, was ein bedeutsamer Faktor in ihrer Aufgabe ist.[21]

Integrität

Integrität ist speziell in der Führungskompetenz ein wichtiger Begriff. Drei Attribute, was Integrität auszeichnet, sind Moralität, Authentizität und Standhaftigkeit. Moralität bedeutet, dass Menschen nicht egoistisch sind, sondern einen gesunden Ausgleich zwischen Eigen- und Gegeninteressen haben. Authentizität oder auch Glaubwürdigkeit sind unabdingbar. Führungskräfte müssen des Weiteren standhaft bleiben, gerade bei Widerständen.[22]

Integrität wird sozusagen als Persönlichkeitsmerkmal aufgenommen. Die Integrität wird anhand des Verhaltens eines Menschen erkannt. So ist es wichtig, dass er sich selbst treu bleibt. Sein Handeln entspricht dem persönlichem Wertesystem, das er glaubhaft gegenüber sich selbst und den anderen vertritt. Die Werte können bspw. aus religiösen oder aus philosophischen bzw. humanistischen Vorstellungen abgeleitet werden. So ist Integrität ein Teil der Unternehmensphilosophie. Beim Arbeitnehmer sollte es auch nicht an Integrität mangeln, da sonst konsequent die Ziele und Werte des Arbeitgebers verfehlt werden, dies die Gruppendynamik schwächt und auch das Ansehen des Unternehmens beeinflusst. Daher ist es sehr wichtig, dass die Angestellten ebenso integer sind. Integrität führt dazu, dass Mitarbeiter, Kunden und Geschäftspartner Vertrauen in die Marke und die Produkte haben. [23]

---

[20] Vgl. Andrews, A. (2019)
[21] Vgl. Scarcella, F. (2021)
[22] Vgl. Schwerdtfeger
[23] Vgl. Karrierobibel (2021)

3 Aufgabe A3

Das Modell der moralischen Entscheidungsfindung wurde im Jahre 1991 von Thomas Jones entwickelt und soll Führungskräfte in schwierigen moralischen Entscheidungen unterstützen. Es besagt, dass ethische Entscheidungsfindung sich nicht nur auf gute oder schlechte individuelle Eigenschaften oder Handlungen, in denen bspw. das organisatorische Umfeld oder situationsbezogene Eigenschaften eine Rolle spielen, auswirken. Auch das „ethische Problem" selbst, welches ein wichtiger Faktor bei der Beeinflussung jeder Phase des Prozesses der Entscheidungsfindung ist, muss berücksichtigt werden.[24] Nachfolgend wird das Konstrukt der moralischen Entscheidungsfindung nach Jones abgebildet und näher betrachtet.

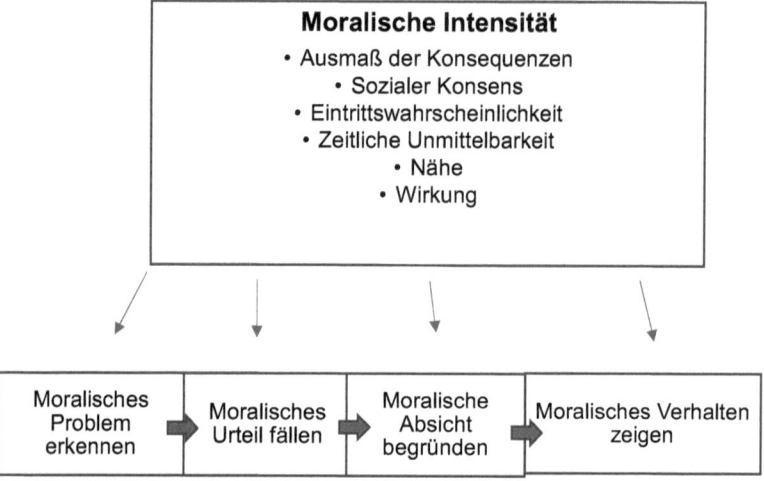

Abbildung 3: Prozess der ethischen Entscheidung nach Jones

---

[24] Vgl. Jones, T. M. (1991), S. 366-395

(Quelle: Eigene Darstellung in Anlehnung an Jones, T. M. (1991), S. 379)

Jones zeigt auf, dass vier Phasen in der ethischen Entscheidungsfindung eine bedeutsame Rolle spielen.

1. **Moralisches Problem erkennen**

   Eine Entscheidungssituation entsteht durch das Vorhandensein eines Problems. Das Modell von Jones soll als Hilfeleistung dienen. Um den Entscheidungsprozess zu beginnen, muss die Person das moralische Problem erkennen. Das Problem kommt, wenn Handlungen einer Person anderen Schaden zufügt oder ihnen helfen kann. D.h. eine Person muss erkennen, dass ihre Entscheidungen negativ beeinflussen oder als Hilfestellung angesehen werden. Zudem muss die Person gewillt sein, eine Auswahl zu treffen und dann zu entscheiden.

2. **Fällen eines moralischen Urteils**

   Nachdem erkannt wurde, dass ein moralisches Problem vorliegt, muss als zweiter Schritt ein Urteil gefällt werden. Jones beschreibt, dass dies problem-, bzw. themenabhängig ist, weil moralisches Denken zeit- und energieaufwendig ist und es daher wahrscheinlich ist, dass Menschen weniger Zeit und Aufmerksamkeit aufbringen, wenn das Problem nicht wichtig ist.

3. **Moralische Absicht begründen**

   Anschließend wurde ein moralisches Urteil gefällt und nun ist zu entscheiden, was zu tun ist. Es muss daher das Urteil überprüft werden, da es einen Unterschied gibt, was moralisch korrekt ist (ein moralisches Urteil) und wie tatsächlich danach gehandelt wird. Zum Beispiel kann ein Arbeitgeber in Phase zwei feststellen, dass es moralisch in Ordnung wäre, einen Angestellten nicht zu entlassen, er dennoch in Phase drei beschließt, den Mitarbeiter aufgrund von beruflichen Aufstiegschancen oder aus organisatorischen Zwängen zu entlassen.

4. **Moralisches Verhalten zeigen**

   In der letzten Phase soll die moralische Absicht umgesetzt werden, d.h. moralisches Verhalten zeigen. Um dies korrekt durchzuführen, darf man durch unerwartete Schwierigkeiten, Überwindungen, Müdigkeit,

Frustrationen, Ablenkungen und Verlockungen das ursprüngliche Ziel nicht aus den Augen verlieren.[25]

Nachdem das Modell der moralischen Entscheidungsfindung genauer beschrieben worden ist, wird nachfolgend erläutert, welchen Mehrwert dieses Modell für Unternehmen bieten kann. Außerdem wird auf die Stärkung der Integrität im Unternehmen sowie die Reduzierung der Compliance-Bemühungen eingegangen.

Wie in Aufgabe A2 schon deutlich wurde, ist Integrität ein fester Bestandteil jeder Unternehmensphilosophie. So kann festgelegt werden, dass Integrität ein sehr wichtiges Kriterium bei einer ethisch handelnden Person ist. Denn eine Person steht für ihre inneren Wertvorstellungen ein und entscheidet, was sie für gut oder schlecht hält. Aus Einsicht werden Vereinbarungen und Versprechen von integren Personen eingehalten. Wichtig ist die Konstanz in der Einstellung und in den Handlungen einer Person, welche nicht durch äußere Einflüsse abweicht.[26] Somit kann Integrität als „[…] das auf Erfahrungen und Erwartungen gestützte Ansehen bzw. Vertrauen, das ein Akteur A bei anderen Akteuren B (C, D, usw.) hat, hinsichtlich der Berücksichtigung der (berechtigten) Interessen von B bzw. der Einhaltung von Verträgen sowie formellen und informellen Regeln. Der Aufbau von Integrität ist eng mit der Übernahme von Verantwortung verbunden."[27] Das soll bedeuten, dass eine Person ihr Handeln auf moralisch vertretbare Weise ausübt.

Wenn Unternehmen beispielsweise größere Meetings halten und den Mitarbeitern erklären, wie man das Modell nach Jones bei jeder Entscheidung anwendet, dient das Modell zur Unterstützung von persönlicher und moralischer Entscheidungsfindung. Der Mehrwert ist somit, dass insgesamt die Integrität innerhalb eines Unternehmens aufgrund des moralischen Handels jedes einzelnen gesteigert wird.

Zweitens soll geklärt werden, ob das Modell die Compliance-Bemühungen reduzieren kann. Compliance „[…] bedeutet im engeren Sinn die Einhaltung von Gesetz und Recht durch das Unternehmen und seine Mitarbeiter. Compliance

---

[25] Vgl. Bauer, T. & Arenberg, P. (2018), 34-35
[26] Vgl. Bauer, T. & Arenberg, P. (2018), S. 40
[27] Vgl. Lin-Hi, N.

Management ist demnach nichts anderes, als ein strukturierter Aufbau von internen Regeln und Richtlinien, die von den Mitarbeitern des Unternehmens eingehalten werden."[28] Überleitend zur Integrität kann damit festgehalten werden, dass hierfür auch das Modell von Jones den Mitarbeitern vorgestellt wird. Eine Reduzierung der Compliance-Bemühungen kann erbracht werden, wenn in Zukunft das Modell ständig angewendet wird und deshalb das moralische Handeln und Denken dadurch manifestiert wird, was den Vorteil hat, dass das Arbeitsklima innerhalb eines Unternehmens harmonischer wird und somit weniger Vorschriften nötig sind.

Als Letztes soll die Frage beantwortet werden, ob das Modell nach Jones eine intrinsische Motivation ethischen Verhaltens bietet.

Viele Menschen werden durch äußere Einflüsse, wie z.B. Erwartungen oder Angst angetrieben. Jedoch kommt intrinsische Motivation von innen. Daher werden Tätigkeiten durchgeführt oder Fähigkeiten erlernt, weil sie Spaß machen und einen Sinn verfolgen, mit dem sich die entsprechende Person identifizieren kann. Die intrinsischen Aufgaben werden nicht wegen äußeren Einflüssen wie. dem beispielsweise aufgrund von finanziellen Aspekten durchgeführt, sondern aus Selbstwillen.[29] Es ist daher die intensivste und wichtigste Form der Motivation, welche Höchstleistungen erzeugen kann und Menschen über Hindernisse hinweghilft.[30] Wenn man dies auf das Unternehmen bezieht, spielt es speziell für Führungskräfte eine zentrale Rolle sich zu überlegen, wie sie ihre Mitarbeiter dauerhaft motivieren können. Zudem ist die Einsatzbereitschaft durch Motivation höher, es wird mehr geleistet und der Ertrag des Unternehmens steigt. Vor diesem Hintergrund ist auch erkennbar, dass das Modell nach Jones fester Bestandteil der Philosophie eines Unternehmens sein sollte. Denn so werden die Mitarbeiter beeinflusst und handeln moralisch vertretbar. Wenn sie dies tun, stellt das auch die persönliche Ebene zufrieden. Mithilfe des Modells wird das moralische Handeln selbstverständlicher, was zur intrinsischen Motivation der Mitarbeiter führt und diese folglich ethisch handeln. Abschließend kann festgehalten werden, dass das Model eine intrinsische Motivation ethischen

---

[28] Vgl. Haufe (2019)
[29] Vgl. Landsiedel (2020)
[30] Vgl. Karrierebibel (2021)

Verhaltens anbietet, da es moralische Werte vertritt und diese bei den Mitarbeitern in der Denkweise gefestigt werden.

Literaturverzeichnis

Adler, N. J. & Gundersen, A. (2008), International dimensions of organizational behavior, 5. Aufl, Ohio

Andrews, A. (2019). 5 Strategien für eine gesunde Gruppendynamik mit Kollegen. Zugriff am 26.04.21, Verfügbar unter https://www.epunkt.com/blog/gruppendynamik-kollegen/

Bauer, T. & Arenberg, P. (2018). Wirtschaftsethik – Studienbrief der SRH Fernhochschule. 1. Aufl., Riedlingen

EGO – Wirtschaftsbeziehungen zwischen Europa und der außereuropäischen Welt. Zugriff am 10.04.21, Verfügbar unter http://ieg-ego.eu/de/threads/europa-und-die-welt/wirtschaftsbeziehungen#section_7

Franken, S. (2015). Potenziale der kulturellen Diversität in Unternehmen, Bielefeld

Hagemann, K. & Priebe, M. & Berger T. (2014). Unternehmenskultur und interkulturelles Management – Studienbrief der SRH Fernhochschule, 1. Aufl., Riedlingen

Haufe – Compliance Definition und Bedeutung für Unternehmen (2019). Zugriff am 27.04.21, Verfügbar unter https://www.haufe.de/compliance/management-praxis/compliance/bedeutung-von-compliance-fuer-unternehmen_230130_474234.html

Jones, T. M. (1991). Ethical Decision Making by Individuals in Organizations: An Issue Contingent Model, The Academy of Management Review

Lawrenz, O. & Hildebrand, K. & Nenninger, M. & Hillek, T. (2001), Supply Chain Management: Konzepte - Erfahrungsberichte und Strategien auf dem Weg zu digitalen Wertschöpfungsnetzen, 2. Aufl., Wiesbaden

Landsiedel (2020). Intrinsische Motivation – Was treibt uns an?. Zugriff am 28.04.21, Verfügbar unter https://www.landsiedel-seminare.de/wissen/intrinsische-motivation.html

Lin-Hi, Prof. Dr. N. Integrität- Gabler Wirtschaftslexikon. Zugriff am 27.04.21, Verfügbar unter https://wirtschaftslexikon.gabler.de/definition/integritaet-51579

Karrierebibel (2020). Supply Chain Management: Definition und Aufgaben. Zugriff am 16.04.21, Verfügbar unter https://karrierebibel.de/supply-chain-management/

Karrierebibel (2021). Integrität: Unverzichtbar fürs Vertrauen. Zugriff am 26.04.21, Verfügbar unter https://karrierebibel.de/integritaet/

Karrierebibel (2021). Intrinsische Motivation: Was ist das? Wie kann man sie fördern?. Zugriff am 28.04.21, Verfügbar unter https://karrierebibel.de/intrinsische-motivation/

Kroeber, A. & Kluckhohn, C. (1952). Culture: A critical review of concepts and definitions. Cambridge

Mai, J. (2021). karrierebibel – supply chain management. Zugriff am 05.04.21, Verfügbar unter https://karrierebibel.de/supply-chain-management/#Ziele-im-Supply-Chain-Management

Poggendorf, Prof. Dr. A. (2010). Was ist Teamdynamik?. Zugriff am 24.04.21, Verfügbar unter https://www.trainertreffen.de/index.php/journal-mainmenue/146-teamentwicklung/5062-was-ist-teamdynamik

Scarcella, F. (2021). Was ist eigentlich Verantwortung?. Zugriff am 26.04.21, Verfügbar unter https://filizscarcella.com/was-ist-verantwortung/

Schwerdtfeger – Führungskompetenz: Integrität. Zugriff am 26.04.21, Verfügbar unter https://coach-und-mentor.de/fuehrungskompetenz-integritaet/#:~:text=Denn%20Ihre%20Mitarbeiter%20haben%20nat%C3%BCrlich,Teams%20sind%20Ihnen%20dennoch%20gewiss.

teamazing (2019). Wie definiert man ein Team?. Zugriff am 19.04.21, Verfügbar unter https://www.teamazing.de/wie-definiert-man-ein-team/

Werner, H. (2020). Supply Chain Management, 7. Aufl., Wiesbaden

Winterstein, F. & Michalek, R. & Hofmann, S. (2019). Was ist Supply Chain Management?. Zugriff am 05.04.21, Verfügbar unter https://www.mm-logistik.vogel.de/was-ist-supply-chain-management-definition-beispiel-ziele-a-614558/

Wronker, M. (2016). Diversität im Team – Vor- und Nachteile internationaler Teams. Zugriff am 23.04.21, Verfügbar unter https://kontist.com/posts/vorteile-internationale-teams/